COUP D'ŒIL

SUR

L'ENSEMBLE DU CODE CIVIL

PAR

Le Chanoine ALLÈGRE

Ancien avocat, docteur en théologie et en droit canon

PARIS
ROGER ET CHERNOVIZ, ÉDITEURS
7, rue des Grands-Augustins, 7

1894

COUP D'ŒIL

SUR L'ENSEMBLE DU CODE CIVIL

COUP D'ŒIL

SUR

L'ENSEMBLE DU CODE CIVIL

PAR

Le Chanoine ALLÈGRE

Ancien avocat, docteur en théologie et en droit canon

PARIS

ROGER ET CHERNOVIZ, ÉDITEURS

7, rue des Grands-Augustins, 7

1894

COUP D'ŒIL
SUR L'ENSEMBLE DU CODE CIVIL

A ce moment où la réforme du Code civil est à l'ordre du jour, et provoque des observations en sens contraire, il ne sera pas inutile d'envisager l'ensemble de l'œuvre de Napoléon Ier et de se demander quelle part il convient de faire à ces critiques et à ces éloges.

I

Pour rédiger le Code civil, le législateur de 1804 a mis à contribution toutes les législations qui avaient passé sur la France. Il s'est inspiré surtout du droit coutumier, et on le comprend d'autant mieux que la plupart de ses rédacteurs étaient originaires des pays de coutumes. A cette législation ils ont emprunté certaines règles sur les successions, la communauté entre époux, l'incapacité de la femme mariée et les servitudes légales. Mais si l'on considère le nombre des articles, c'est au droit romain que le Code a emprunté la somme la plus considérable de règles ; de lui, en effet, par l'intermédiaire de Pothier est venu tout le système des obligations qui tient une très grande place dans la loi ; en outre les règles de l'usufruit et du régime dotal, et, pour partie du moins, celles de la prescription. Le titre des *Donations et Testaments* s'est inspiré des ordonnances royales, et surtout de celles du XVIIIe siècle, dues à d'Aguesseau. La jurisprudence des Parlements a fourni quelques principes sur l'absence, et le droit canonique une partie des règles sur le mariage, notamment celles du mariage putatif, avec la théorie de la légitimation. Enfin le Code a emprunté au droit révolutionnaire certaines dispositions relatives au mariage, la règlementation de la puissance paternelle, les traits essentiels de son nouveau régime hypothécaire, et quelques-uns des principes de son système successoral, tout en y apportant de profondes modifications. Le droit purement féodal est le seul auquel les législateurs de 1804 n'aient rien emprunté.

II

De ces divers éléments ils ont fait une œuvre bien conçue et appropriée aux besoins de l'époque. « Ce n'est pas une œuvre de médiocre compilation... elle est capable de maintenir les saines notions du droit (1). » D'après Mgr Dupanloup (2) le Code civil « tel qu'il est, laisse encore dans beaucoup de ses parties une large place à l'admiration. »

Pie IX rendait hommage au mérite de ce monument législatif, lorsqu'il disait le 31 juillet 1849 (3) : « Nous avions naguère travaillé à un Code ; eh bien ! j'ai dit hier qu'il fallait tout simplement prendre pour modèle le meilleur des Codes, le Code Napoléon. Nous avons quelques changements à y apporter, mais c'est chose facile que de corriger après coup les détails des belles et grandes choses. »

Ce sont de semblables corrections qu'ont fait subir au Code de 1804 les pays étrangers qui l'ont adopté. Ces pays sont surtout ceux qui avaient été annexés à la France durant le premier Empire, la Belgique, la Hollande, les Provinces rhénanes, le grand duché de Bade, l'Italie ; le Code a été adopté aussi en Roumanie.

1. Au point de vue de l'unité nationale, les législateurs de 1804 ont fait une œuvre éminemment bonne.

(1) Marchal, *Revue catholique des Institutions et du Droit*, t. IV, p. 169.

(2) *De la haute éducation intellectuelle*, t. III, p. 329.

(3) *Le Correspondant*, 25 mai 1887, p. 625.

Ils ont doté la France de l'unité législative qu'elle demandait depuis longtemps, et ce sera là leur éternel honneur.

Dès le XVIe siècle des essais avaient été faits pour atteindre ce résultat : les ordonnances de Colbert et d'Aguesseau l'avaient réalisé pour quelques matières importantes : mais c'est le Code civil qui, pour la partie de beaucoup la plus considérable de nos lois, a mené à bonne fin l'œuvre de l'unification.

D'autres pays avaient précédé la France dans cette grande entreprise. A la fin du XVIIIe siècle, la Bavière, la Suède, l'Autriche et la Prusse avaient promulgué des Codes : celui de la Prusse avait surtout été remarqué à cause de son étendue et de l'excellente distribution des matières. Mais tous ces Codes laissaient force de loi aux coutumes sur la plupart des matières importantes ; aussi ne réalisaient-ils que partiellement, comme les ordonnances françaises, l'unité de législation.

Le Code civil leur est donc de beaucoup supérieur à ce point de vue ; depuis sa promulgation l'unité est parfaite en France.

Il faut reconnaître que la Révolution, en faisant par la violence table rase des institutions du passé, a singulièrement facilité la tâche du législateur de 1804. On doit regretter ces violences, et penser qu'une liquidation pacifique des institutions antérieures, telles que la féodalité, eût été bien préférable. Mais, les choses étant ce qu'elles étaient à la veille de sa rédaction, le Code civil a eu l'inappréciable mérite d'unifier de la façon la plus complète la législation de la France.

2. Est-ce là son seul mérite ? Assurément non ; on peut encore, sauf quelques réserves, y louer la distribution des matières et la rédaction des textes.

« Le cadre magnifique sous lequel furent disposées les matières civiles qui font l'objet du Code Napoléon frappe tout d'abord par sa belle ordonnance et par sa majestueuse simplicité. La distribution des diverses parties de la législation civile et la ferme concision du texte donnent à cette œuvre un caractère de facilité pratique et de grandeur magistrale, dont personne ne saurait contester l'éclatant mérite (1). »

On pourrait cependant souhaiter dans le Code des générali-

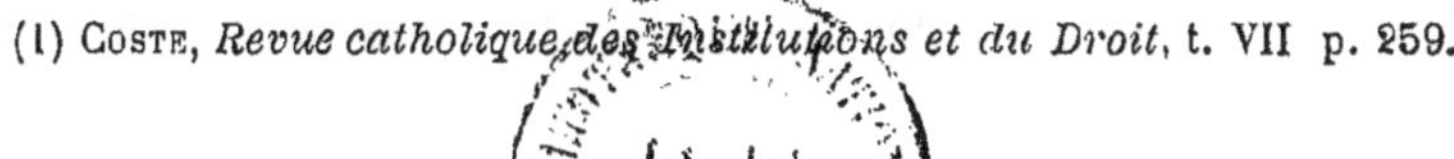

(1) COSTE, *Revue catholique des Institutions et du Droit*, t. VII p. 259.

tés plus élevées et des développements plus savants ; c'est une œuvre essentiellement pratique et qui se soucie plus de fournir aux litiges entre particuliers une solution équitable que de présenter dans un ordre philosophique le développement de principes abstraits. Mais est-il bien permis de blâmer le législateur d'avoir ainsi cherché à donner à son œuvre la plus grande somme d'utilité pratique ?

Il est vrai que, même au point de vue exclusivement juridique, les incorrections de détail sont nombreuses dans le Code; mais eu égard à la rapidité de la rédaction, qui dura à peine deux ans, on peut excuser ces imperfections que la doctrine et la jurisprudence corrigent sans grande difficulté. D'ailleurs la rédaction est ordinairement exacte et le style presque toujours clair; à ce point de vue le Code civil est incomparablement supérieur au Digeste. Une révision attentive eût permis d'y supprimer quelques répétitions, de dissiper quelques obscurités, de préciser certaines définitions et de supprimer les divisions qui sont moins à leur place dans une œuvre législative que dans un exposé didactique.

C'est ainsi, pensons-nous, qu'on eût pu apprécier en 1804 l'œuvre qui venait d'être achevée ; mais si nous nous plaçons à l'époque actuelle, il y a lieu de formuler quelques critiques nouvelles ; car depuis quatre-vingts ans, à cause des modifications profondes et rapides de l'état social et économique au XIXe siècle, le Code a singulièrement vieilli. Il est des questions importantes qu'il omet, telles sont celles qui se réfèrent à la propriété mobilière,aux rapports de patrons et d'ouvriers (*questions ouvrières*) aux contrats d'assurance et d'apprentissage, à la propriété littéraire; les deux dernières ont été oubliées ; les trois autres étaient de minime importance en 1804, mais le changement d'époque a rendu très sensible l'omission du législateur.

III

Quant aux caractères essentiels du Code civil, il faut y distinguer, comme dans toute législation, deux parties très différentes. L'une est commune à tous les temps et à tous les pays ; sur ce point le Code reproduit fidèlement les règles de droit naturel que Dieu a gravées dans les cœurs ; telle est par exemple la théorie des obligations. L'autre, au contraire, se rattache à la politique et se ressent de l'influence des époques, comme les titres consacrés aux successions, au mariage, au divorce ; en ces matières le Code a le tort de rester trop fidèle aux idées révolutionnaires ; c'est ainsi qu'on doit y signaler un défaut capital, celui qui consiste à faire complètement abstraction de l'idée religieuse.

La première développe les maximes d'équité que formulait un livre préliminaire, précédant dans le premier projet du Code civil le titre Ier du livre Ier, et supprimé au cours des discussions. Son esprit de justice se retrouve en bien des passages de la législation, et « nous devons reconnaître que la partie du Code Napoléon afférente à la liberté et à la dignité des contrats, à la sainteté des engagements, et à tout cet ordre d'idées et de faits qui constitue la base commune du droit des gens chez tous les peuples, est vraiment digne des éloges de la postérité ». « Le Code civil, dit M. Duverger (1), est populaire ; il est aimé parce qu'il est juste et humain ». — « Le bien dans le Code Napoléon, dit M. Sauzet, appartient au progrès des lumières qui l'a préparé, au génie qui l'a conçu, aux esprits éminents qui l'ont enfanté. Le mal est venu de la difficulté des temps, qui le condamnait à tenir compte de tous les éléments orageux qui entouraient son origine et à mêler aux principes fondamentaux de l'ordre social les caractères nécessairement imparfaits d'une œuvre de transition et de transaction. L'un sera immortel, parce qu'il résume la pensée des siècles, l'autre a changé et changera encore, parce qu'il est né des nécessités temporaires du siècle ».

M. Terrat, dans un langage aussi éloquent qu'élevé, apprécie aussi l'œuvre de Napoléon : « Le Code est une œuvre fort remarquable, surtout si l'on se reporte à l'époque où il a été fait ; il est une réaction évidente contre les idées de 93 ; c'est un retour au passé et au bon sens ; il suffit de lire les trois projets successifs de Cambacérès pour s'en convaincre. Il est hautement spiritualiste dans l'organisation de la famille, de la propriété, des contrats (voir l'art. 1382 C. civ). Celui

(1) Duverger, *L'Athéisme et le Code civil* p. 36.

qui a pris la plus large part à sa confection, Portalis était un esprit sage et élevé qui a fait justice de bon nombre d'illusions. Enfin notre Code a un caractère impersonnel; il est humain, comme on l'a dit, il est humain, en ce sens qu'il repose plus sur la qualité d'homme que sur la qualité de Français, ce qui est tout à la fois un mérite et un défaut. Nous jouons ici encore le rôle de vulgarisateurs. Aussi plusieurs peuples ont adopté notre droit civil, et chose plus remarquable, ceux auxquels il avait été imposé par la conquête, l'ont conservé après avoir reconquis leur liberté. En résumé, ce Code porte, bon gré mal gré, l'empreinte des principes chrétiens, et, aujourd'hui encore, il reste un rempart contre les idées socialistes ».

Bref, le Code civil est en général animé de l'esprit de justice et de vérité.

Mais dans la seconde catégorie de ses règles, celles qui touchent au institutions politiques, on peut relever trois caractères essentiels dont l'un est absolument condamnable : liberté, égalité, sécularisation (1).

A. Il est vrai qu'il n'a guère assuré la liberté individuelle ; car il a maintenu la contrainte par corps que la loi du 22 juillet 1867 a fini par supprimer. On peut aussi lui reprocher à ce point de vue d'avoir conservé le droit d'aubaine et la mort civile, heureusement abolis le 14 juillet 1819 et le 31 mai 1854. Malgré son principe de liberté, le Code, nous avons eu l'occasion de le relever quelquefois, n'a pas compris en tous points, et notamment en matière religieuse, la véritable notion de la liberté, son champ d'application, ses bornes et son principe régulateur, c'est-à-dire la vérité et la justice. Là, il y aura de graves reproches à lui faire, et à rappeler le peu de faveur qu'il montre à l'égard des personnes morales, principalement des communautés religieuses. Lors de sa rédaction, l'idée d'association n'etait pas en honneur. Le premier Empire a toujours tenu les associations en défiance, et pensé beaucoup plus à les surveiller qu'à les encourager. Ce n'est qu'à une date relativement récente qu'on a réclamé contre cette manière de voir.

B. La liberté du sol a été consacrée par le Code comme la liberté individuelle : car, à la suite du droit révolutionnaire, il

(1) Mgr Besson, *Mandement pour les prières publiques*, 1881.

a fait disparaître le régime féodal qui s'harmonisait avec les conditions de la société au moyen âge, mais qui ne devait pas survivre aux institutions auxquelles il était lié.

Cette abolition était en même temps une conséquence de l'idée d'égalité ; la même pensée a entraîné la suppression des droits d'aînesse et de masculinité. Toutefois de cette égalité devant la loi que l'Evangile avait préparée bien avant la Révolution, par le dogme de l'égalité des âmes devant Dieu, le législateur a tiré des conséquences quelquefois exagérées, au risque de compromettre l'organisation naturelle de la famille. M. Le Play et son école ont réagi contre quelques-unes, principalement la restriction de la liberté de tester. Le Code a aboli la distinction des *propres* et des *acquêts*, si légitime en matière de succession ; cette suppression a été faite en haine de féodalité qui, cependant, n'avait rien de commun avec cette clause.

C. Mais ce qu'on ne peut approuver dans le Code, c'est le principe de sécularisation. « Nous avons sécularisé la loi, diront les défenseurs du Code ; nous l'avons séparée de la religion. Nous laissons la religion à votre conscience, et nous faisons, pour la société civile que nous sommes chargés de régir, une loi civile. Dieu et le divin sont et demeurent dans une sphère à part, sphère plus haute selon l'estime des uns, inférieure selon l'opinion de beaucoup ; à nous législateurs, peu importe ; l'essentiel, c'est que les idées soient absolument distinctes et ne puissent jamais se rencontrer, le divin, la religion, en une place quelconque, avec l'Etat, la loi en ce monde que nous connaissons, que nous palpons, que nous devons manier. Nous avons fait simplement cela : Nous avons fait de la loi une chose humaine, naturelle, ne touchant à la religion, au surnaturel par aucun bout. Toute cette doctrine est dans ce mot : Nous avons sécularisé la loi (1). »

Cet argument en faveur de l'œuvre de sécularisation entreprise en 1804, n'est que spécieux. On y a répondu sans peine.

En considérant le citoyen, abstraction faite de sa foi religieuse, le Code froisse nécessairement le sentiment de la majorité des Français, et refuse à la Religion, sauf en ce qui touche le serment, la place à laquelle elle a droit dans l'ordre

(1) Mgr Isoard, *Le Mariage*, p. 81.

moral. Le Code civil ne commence pas, comme le Digeste, par une invocation à Dieu : *In nomine Domini nostri Jesu Christi.* Cette omission volontaire des idées religieuses ne se manifeste pas seulement au frontispice et dans la forme extérieure du Code : elle a malheureusement eu une influence déplorable dans tout ce qui touche à la famille : mariage, divorce, puissance paternelle.

1° En matière de mariage, le Code s'est complétement dégagé des idées religieuses. Domat avait dit : « C'est dans la manière dont Dieu a formé ces deux liaisons du mariage et de la naissance qu'il faut découvrir les fondements des lois qui les regardent (1). » Mais telle n'a point été la pensée des législateurs de 1804. En effet, le Code civil a développé le principe de la Réforme et sécularisé le mariage. La Réforme ôtait au mariage la dignité de sacrement, mais elle le laissait dans la sphère religieuse; c'est aux ministres du culte qu'il appartenait de le célébrer ; il gardait un caractère de contrat religieux. L'Etat moderne s'empare du mariage comme d'un domaine qui est à lui et sur lequel il exerce une domination absolue. Il en règle les conditions même essentielles, et ne paraît pas soupçonner que la nature l'ait précédé dans ce soin. Le mariage n'est plus alors qu'une institution civile, asservie à la volonté du législateur.

2° Une fois que le législateur a mis la main sur le mariage, rien ne l'empêche plus d'en autoriser la dissolution par le divorce. C'est ce qu'a fait le Code civil, suivant en cela le système de la Révolution, qui, là encore, avait appliqué les principes sociaux de la Réforme et du paganisme. Ici il a oublié la doctrine de Domat qui disait : « Le mari et la femme étant donnés l'un à l'autre de la main de Dieu, qui les unit en un seul tout que rien ne peut séparer, on ne peut jamais dissoudre un mariage qui a été une fois contracté légitimement. » Il a oublié également ici les enseignements de l'histoire : « On peut mentionner, nous dit M. Cauvière, parmi les titres de la Religion chrétienne à la reconnaisssance des femmes, l'abolition du divorce (2). Il a admis le divorce aboli, il est vrai, en 1816,

(1) *Traité des Lois*, ch, III, § 1.

(2) Voir sur ce point les deux intéressantes brochures, *La condition de la femme* et *Le lien conjugal et le divorce*, par M. CAUVIÈRE, ancien magistrat, professeur de droit à l'Institut catholique de Paris.

mais rétabli en 1884. Voilà par quels procédés la sécularisation des lois françaises a amené l'affaiblissement du lien matrimonial, et menace de détruire la famille et la société, dont la famille est la base.

3° Comme conséquence de l'affaiblissement des liens conjugaux, les droits et les devoirs de la paternité sont restés frappés en France d'une sorte de paralysie légale, qui laisse le père, tantôt désarmé devant l'infamie d'un fils coupable, et tantôt omnipotent à l'égard des fruits innocents de ses relations illégitimes.

Les lois militaires ont souvent autorisé, dans notre pays, l'engagement d'un enfant mineur sans le consentement de son père, et la loi civile n'hésite pas à enlever au père la jouissance des biens des enfants mineurs qui ont atteint l'âge de dix-huit ans. D'un côté, le mineur peut diposer de lui-même et non de ses biens ; et de l'autre, le père est déclaré responsable des folies du mineur, dont les revenus ne sont plus à la disposition de l'autorité paternelle.

— En vain dira-t-on pour justifier la législation et cette absence de fondement religieux dans notre Code, qu'il n'y a pas là une idée d'athéisme et une négation toujours redoutable à une société, mais seulement un principe d'abstention plus salutaire que nuisible, et réclamé même par bien des catholiques de nos jours.

Erreur profonde, répondrons-nous sans hésiter ! Vous ne voulez pas donner à notre Code d'autre fondement et d'autre appui que des volontés purement humaines. Vous reléguez Dieu à part, dans son église. Eh bien ! qu'importe les lumières et la science du législateur ! C'en est fait de la stabilité de la société civile et de la sécurité publique. L'homme ne se soumettra pas à l'homme ; il ne s'inclinera pas devant le le Temple de la Loi, si celui-ci ne porte pas à son frontispice un rayon de la Divinité. Pourquoi l'homme obéirait-il à des hommes qui ne sont que cela, c'est-à-dire des êtres semblables à lui, et sans mission d'un Etre supérieur à eux et à lui ? *De qui tenez-vous vos lois*? demande Socrate à Clinias. *Etranger*, répond Clinias, *c'est d'un dieu : nous ne pouvons avec justice accorder ce titre* (*de législateur*) *à d'autres qu'à Dieu.*

Le législateur n'ose nommer nulle part dans le Code, ni

Dieu ni sa loi ; il craint de se couvrir de son autorité, il pourra être plus ou moins obéi, il n'obtiendra jamais de respect pour son œuvre. La force de plus en plus violente et despotique devra suppléer à l'énergie de la contrainte morale que la Religion imposait aux passions humaines. « La raison indépendante a décrété qu'il n'y a pas de Dieu, la logique des multitudes révoltées lui prouvent bientôt qu'il n'y a plus de lois (1). » Les doctrines socialistes et les attentats des anarchistes ne l'ont que trop prouvé de nos jours.

IV

En face de cette doctrine de sécularisation de la loi et des conséquences logiques que ses patrons les plus illustres n'ont pas aperçues, mettons les lumineux enseignements de Léon XIII ; nous comprendrons de quel côté se trouvent la véritable civilisation et le véritable progrès de l'humanité, et aussi dans quelle direction doit se tourner le législateur pour les favoriser efficacement dans le monde.

Dans l'Encyclique *Quod apostolici muneris*, nous lisons ces paroles :

« De là est venu que, par une impiété nouvelle, inconnue même des païens, les États se sont constitués sans tenir aucun compte ni de Dieu, ni de l'ordre établi par Lui ; l'autorité publique a été déclarée ne tirant de Dieu ni son principe, ni sa majesté, ni sa puissance, ni sa force de commandement. Les vérités surnaturelles de la foi étant combattues et rejetées comme contraires à la raison, l'Auteur même et le Rédempteur du genre humain est insensiblement et peu à peu banni des universités, des lycées, des gymnases, et de tout usage public de la vie humaine. »

L'Encyclique *Immortale Dei* développe les mêmes principes et met en garde contre ce *droit nouveau* qui, sur plus d'un point, est en désaccord, non seulement avec le droit chrétien, mais encore avec le droit naturel : « La souveraineté de Dieu, y est-il dit, est passée sous silence, exactement comme si Dieu n'existait pas ou ne s'occupait en rien de la société du

(1) Lucien Brun, *Introduction à l'étude du Droit*, p. 131.

genre humain ; l'État ne se croit lié à aucune obligation envers Dieu, ne professe officiellement aucune religion. »

L'Encyclique *Libertas* signale cette autre erreur : « Les lois divines doivent régler la vie et la conduite des particuliers, mais non celle des États ; il est permis dans les choses publiques de s'écarter des ordres de Dieu et de légiférer sans en tenir aucun compte. »

Puisse le législateur s'inspirer plutôt de ces belles paroles d'Yves de Chartres au pape Pascal II : « Quand l'empire et le sacerdoce vivent en bonne harmonie, le monde est bien gouverné ; mais quand la discorde se met entre eux, non seulement les petites choses ne grandissent pas, mais les grandes elles-mêmes dépérissent misérablement. »

Le chanoine Allègre.

Imp. Mazereau. — Tours. — E. Soudée, Successeur.

DU MÊME AUTEUR

Le Code civil commenté a l'usage du clergé, 4 vol. in-8°, 2000 pages, 3e édition. . . . . 24 »

Idem, 2 vol. in-12, nouvelle édition, 1400 pages . . . 10 »

Le Mariage religieux et la loi française . . . 1 50

Impedimentorum Matrimonii Synopsis, 1 vol. in-16, 4e édition. 1 50

Le Mariage des prêtres en droit civil 1 50

La liberté de tester 1 50

Le divorce devant le parlement français, 2e édition. 1 50

Imp. Mazereau. — Tours. — E. Soudée, Successeur.

DU MÊME AUTEUR

www.ingramcontent.com/pod-product-compliance
Lightning Source LLC
LaVergne TN
LVHW010218230826
846091LV00008BB/3566
9782019236717